Um Gottes Willen

Miniaturen

über

Gott und die Welt

von

Johann Henseler

Herstellung und Verlag:
BoD - Books on Demand, Norderstedt
ISBN 978-3-7460-1481-4

Inhalt:

Gotteslästerung

„Beleidigen dich blasphemische Schriften sehr?", fragte ich Gott.

„Ich habe sie, so wie die meisten, die darüber reden, nicht gelesen. Es ist mir zu viel der Mühe, ihnen eine große Bedeutung beizumessen. Bei der ganzen Diskussion, z.B. über gotteslästerliche Karikaturen oder Verse, geht es ja gar nicht um mich. Der Streit um angebliche Gotteslästerung hat zum Inhalt, wie die Gläubigen glauben sich präsentieren zu müssen, also geht es um Ehrgeiz und Einfluss.

Mich beleidigen eher diese selbsternannten Tugendwächter und Gottesverteidiger, die genau zu wissen vorgeben, was mich beleidigt. Deren Drohungen mit Gewalt und ihre Forderung nach Selbstzensur zeigen nur eins: Sie selbst sind beleidigt und sie verbrämen ihre verletzte Eitelkeit mit religiöser Empörung.

Religiöses Eifern hat eine fatale Nähe zur Bigotterie, und die ist gotteslästerlich."

Gewalt

„Du kannst doch nicht leugnen, dass der Streit um den rechten Glauben schon ungeheure Opfer in der Geschichte verursacht hat", warf ich Gott vor.

„Das muss ich zugeben", sagte Gott. „Insofern kann ich vom Resultat her als Alibi für Verbrecher gelten und werde vielleicht deshalb selbst von vielen Menschen als Verbrecher eingeschätzt.

Meine Konsequenz ist, dass ich wenig von Eiferern für den rechten Glauben halte: Der rechte Glaube ist keine Aktie, die man täglich neu bewertet, er ist ein nie abgeschlossenes Suchen. Dabei kann Gewalt nicht helfen, da sie Ergebnisse aufzwingen will. Aufgezwungene Glaubensgewissheiten sind aber ein Widerspruch in sich."

Asketismus

Neulich war ich mit Gott einen trinken.

Zu vorgerückter Stunde fragte ich ihn: „Meinst du nicht, dass du ein schlechtes Beispiel gibst, wenn du in die Kneipe gehst und dir einen ansäufst?"

„Das ist so falsch nicht!", sagte Gott. „Aber man muss die Feste feiern, wie sie fallen. Du siehst schon an meiner Weinvermehrung, dass ich kein Kostverächter bin.

Überhaupt, die ganz Genauen und Selbstkontrollierten haben den Wunsch nach Perfektion, d.h. sie wollen zumindest ein wenig so sein, wie ich bin, oder so, wie sie sich vorstellen, dass ich bin. Je weniger sie ihre Schwächen eingestehen, umso mehr entfremden sie sich mir.

Indem ich mit dir einen trinke, weise ich sie zurecht."

Selbstkasteiung

Neulich fragte ich Gott, wie er zur Sexualität stünde. „Insbesondere stört mich, dass die Priester zölibatär leben müssen", monierte ich.

„Welche Priester meinst du?", fragte Gott. „Es gibt Religionen und Konfessionen, da ist dies durchaus nicht der Fall. Und außerdem: Glaubst du, dass ich die Priester anders beurteile als Nichtpriester? Nicht jeder, der sich Heilsvermittler nennt, denkt dabei an das Heil der anderen. Und es wäre ein wahrlich bizarrer Gedanke, die Güte einer Anstrengung zur Heilsvermittlung an einer Skala der Häufigkeit von gedachter oder praktizierter Sexualität zu messen. Das wäre ungefähr so, als ob du die Güte eines Gedichtes daran messen würdest, ob es mit Bleistift oder Tinte geschrieben worden ist."

„Aber viele Priester zerbrechen an dem Zwiespalt zwischen geforderter sexueller Enthaltsamkeit und ihrem Wunsch, dir besonders zu dienen", wandte ich ein.

„Warum", fragte Gott, „ist das Gebet eines Obdachlosen nicht ebenso ein besonderer Dienst an mir wie die Ausübung eines oft gut bezahlten Berufes?

Überhaupt besteht ein grundlegendes Missverständnis darüber, was für mich ein besonderer Dienst ist. Wenn du ein Kind zum Lachen bringst, ist der Dienst für mich kostbarer, als wenn du trotz deines Verlangens auf sexuelle Kontakte verzichtest. Nicht der Grad der eigenen Frustration ist der Indikator für den Wert eines Dienstes an mir, auch nicht der Umfang eines selbstgewählten oder oktroyierten Verzichts. Das würde sonst bedeuten, dass das Ausmaß an fehlendem persönlichem Glück in einem proportionalen Verhältnis zu meiner Zufriedenheit und Gunst stünde.

Ich weiß, dass hinter vielen dieser Anstrengungen, mir durch Selbstqual besonders zu gefallen, eine gewisse Arroganz gegenüber anderen steht. Diese Eiferer sind überzeugt davon, dass sie ein besonders gottgefälliges

Leben führen und sie dadurch höher in meiner Gunst stehen. Ihr Ziel ist die Gewissheit der Belohnung durch Gott. Das weist aber auf einen Mangel an Vertrauen in mich hin.

Schon eigenartig", sinnierte er, „wo mich dieser Gedankengang hinführt. Heißt das, dass die, die sich durch Selbstkasteiung ihrer Meinung nach besonders ins Zeug legen, eigentlich am meisten Angst vor mir haben und damit die im Glauben am wenigsten Gefestigten sind?"

Zweifel

Gott nervte mal wieder damit, dass die Menschen zu oft die Unwahrheit sagten.

„Du nimmst es aber auch nicht sehr genau", meinte ich. „Mein Gott, das glaubst du doch selbst nicht, dass Maria dich jungfräulich empfangen hat."

„Ich muss gar nichts glauben, da ich weiß", sagte Gott. „Was ich aber weiß, muss ich nicht immer offenbaren."

„Heißt das, dass du uns Gläubige absichtlich in Ungewissheit verharren lässt? Oder uns vielleicht sogar etwas Falsches glauben lässt?"

„Wenn der Glaube nicht auch Ungewissheit enthielte, würde er seinen Charakter verlieren. Der Zweifel ist für den Glauben konstitutiv."

„Und was ist mit dem Glauben von falschen Inhalten?"

„Falsch und richtig sind Kategorien des Wissens. Daher will ich dir darauf keine Antwort geben. Nur so viel: Nicht der Glaube an etwas Falsches stellt das Problem dar, sondern der Gebrauch des Glaubens für Falsches."

Kirche

Neulich ging mir Gott auf die Nerven, weil er mich mal wieder zurechtgewiesen hatte. Ich versuchte eine Retourkutsche.

„Ist es nicht so, dass das Christentum eine jüdische Sekte war, bevor es zur großen Religion wurde?"

„Na und?", sagte Gott.

„Wie erklärst du dir dann die Hochnäsigkeit der großen christlichen Kirchen gegenüber Sekten, obwohl sie doch selbst einmal eine Sekte waren?"

„Wieso unterstellst du stillschweigend, dass mein Urteil mit dem der christlichen Kirchen identisch sei? Glaubst du, ich sei der Apologet der christlichen Kirchen? Das wäre wahrlich eine Verkehrung der Blickrichtung. Mir sind ja schon die christlichen Apologeten unangenehm. Ich lasse mich nicht gern durch selbsternannte Anwälte verteidigen, das verursacht mir eine

Gänsehaut. Umso weniger werde ich selbst in diese Rolle schlüpfen."

Ich wunderte mich: „Heißt das, dass du nichts gegen Sekten hast?"

Gott blickte genervt. „Darum ging es doch bisher gar nicht. Bisher habe ich deine Zumutung zurückgewiesen, mich mit bestimmten Standpunkten automatisch zu identifizieren. Das hat mit dem Problem gar nichts zu tun, d.h. es spielte bisher keine Rolle, ob ich mit dem Standpunkt der christlichen Kirchen einverstanden bin oder nicht."

Ich wurde ungeduldig. „Du weichst aus. Bist du jetzt mit dem Standpunkt der christlichen Kirchen einverstanden oder nicht?"

Gott wurde lauter: „Ich möchte nicht an einem anderen Standpunkt gemessen werden, zumal du dein moralisches Urteil bereits gefällt hast. So zwingst du mich, ebenfalls ‚hochnäsig' zu sein oder aber die Kirchen zu desavouieren."

„Das ist ja nicht zum Aushalten." Ich wurde sarkastisch. „Am besten stellst du dir die Fragen in Zukunft selbst, dann beantwortest du sie vielleicht auch."

Sekte

Auf einem Spaziergang traf ich Gott.

„Heute bin ich gut gelaunt. Frag mich mal was Unangenehmes, das kann ich heute vertragen", begrüßte er mich.

„Was hältst du von Sekten?"

„Die Frage soll unangenehm sein?", erwiderte Gott.

„Jetzt fang nicht schon wieder an, nichts zur Sache zu sagen!", rief ich. „Sag endlich deine Meinung über Sekten."

„Ich habe keine besondere Meinung über Sekten", sagte Gott. „Alle Religionen waren einmal klein und sektiererisch, also spielt die Größe der Sekten im Vergleich zu den großen Religionsgemeinschaften bei der Beurteilung der Sekten keine Rolle.

Daher lautet die Frage richtig gestellt: Was ist eine Religion und was gibt nur vor, eine zu sein? Das hast du mich aber nicht gefragt."

„Das ist dir sicher unangenehm", feixte ich. „Dann habe ich ja deiner anfänglichen Aufforderung entsprochen. Und ich habe auch keine Lust, die Fragen so zu stellen, wie du es möchtest. Allerdings muss ich zugeben, dass es mich schon interessiert, worin du den wesensmäßigen Unterschied zwischen Sekten und Religion siehst."

„Du hörst nicht zu! Wenn die Größe der Glaubensgemeinschaft keine Rolle spielt bei der Beurteilung, ob es sich um eine Religion handelt, gibt es keinen wesensmäßigen Unterschied zwischen Sekten und Religionen."

„Willst du damit die Sekten aufwerten? Deren verderblicher Einfluss ist doch zur Genüge beschrieben worden!"

„So wie der verderbliche Einfluss der großen Religionen auch. Ich weiß nicht, wer bei einer Aufrechnung besser wegkäme."

„Wirst du zum Sektenapologeten?"

„Sekten interessieren mich nicht. Was eine Religion ist und was nicht, das interessiert mich!"

Scheinreligion

„Ich habe mal gelesen, dass dies eine Religion ist, wovon die Anhänger oder Gläubigen überzeugt sind, dass es eine ist. Teilst du diese Ansicht?", fragte ich Gott.

„Das wirft zwei Fragen auf. Die erste ist die nach der Autonomie des Gläubigen. Dazu meine ich, dass die Glaubensentscheidung eine höchstpersönliche Entscheidung ist, sie ist daher zunächst nicht kritisierbar."

„Jetzt kommt das Aber!"

„Warte ab!

Die zweite Frage ist die, ob alles, was Gläubige tief glauben, von vorneherein als Religion angesehen werden kann und damit für sich den Status des Unkritisierbaren einfordern kann. Es liegt auf der Hand, dass Interessengruppen gerne der Kritik an ihren Zielen und Inhalten enthoben wären. Das ist der Grund, warum sich plötzlich eine knallharte Lobby mit

Gewinnmaximierungsabsichten Kirche nennt und, damit dies zumindest den oberflächlichen Ansprüchen an eine Religionsgemeinschaft nicht offensichtlich Hohn spricht, einen quasi-liturgischen Firlefanz zelebriert, dessen Lächerlichkeit im Gegensatz zu den Angst produzierenden Strafen steht, die bei geringsten Verfehlungen gegen die kruden Normen gnadenlos an den Gläubigen vollzogen werden.

Wenn die Religion nur Mimikry ist, wenn sie nur diesseitigen Interessen einer meist im Dunklen agierenden Machtelite dienen soll, wenn die Gläubigen ihrer persönlichen Würde und oft auch ihres Eigentums schamlos beraubt werden, dann ist es keine Religion, auch wenn ihre Anhänger sie so nennen und sich darin gefallen, erbost das Menschenrecht auf freie Religionsausübung einzuklagen.

Jetzt kommt das Aber!

Tragischerweise gibt es auch bei diesen Pseudoreligionen Tiefgläubige, deren Hingabe missbraucht wird und die man nur kritisieren kann, weil sie einem Irrtum unterliegen, indem sie ihre intellektuelle Abschottung für Autonomie im Glauben an eine Religion halten. Dies hat mit religiöser Überzeugung jedoch nichts zu tun."

Existenz

Neulich, als ich wütend war über mir ungerecht erscheinende Vorgänge auf der Welt, sah ich Gott, wie er pokerte.

„Wie kannst du nur pokern, während in deiner Welt alles drunter und drüber geht? Ich habe Verständnis für die, die fragen, ob es dich überhaupt gibt!", fuhr ich ihn an.

„Ich auch!", sagte Gott.

„Aber erstens ist es nicht nur meine Welt, sondern auch deine und die aller anderen. Warum soll ich mehr Verantwortung an den schlechten Zuständen in ihr haben als jeder von euch?

Zweitens: Ich bin mir so sicher, dass es mich gibt, wie du dir sicher bist, dass es dich gibt. Ich treffe aber keine Aussage darüber, ob ich mir sicher bin, dass es dich gibt.

Und drittens: Es soll mal einer gesagt haben, dass, wenn es mich nicht gäbe, ich erfunden werden müsste. Wenn ich also notwendig bin für die Welt, spielt es keine Rolle, ob es mich wirklich gibt oder ob ich nur erfunden bin.

Vielleicht ist aber die Überzeugung, dass ich erfunden werden müsste, auch keine, die alle teilen. Dann wäre ich für diese Menschen ja tatsächlich überflüssig, egal, ob es mich gibt oder nicht gibt. Dann allerdings wäre auch für diese die Diskussion über meine Existenz überflüssig.

Dann wiederum hätten diese Menschen keinen Schuldigen, wenn sie sich über die Welt beschweren.

Daher ist es eigentlich egal, ob es mich wirklich gibt. Für die, die mich brauchen, gibt es mich, für die, die mich nicht brauchen, gibt es mich nicht.

Nur, wer braucht mich nicht?

Zumindest ist es so, dass die, die glauben, mich nicht zu brauchen, ziemlich hoch pokern."

„Aber", und er wandte sich wieder seinem Blatt zu, „das hat auch seinen Reiz, es sei denn, man hat eine Pechsträhne, und die hat jeder mal."

Allmacht

Neulich wollte ich Gott provozieren.

„Warum lässt du zu, dass ein kleines Mädchen von einem Auto überfahren wird?

Wenn du es nicht wolltest und es geschieht trotzdem, dann gibt es noch etwas Größeres als dich. Das kannst du Zufall, Naturgesetze oder irgendwie anders benennen, jedenfalls hast du es dann nicht unter Kontrolle, d.h. du bist nicht allmächtig. Dann trägst du zwar nicht an allem die Schuld, aber dann kannst du auch nicht die universelle Hoffnung sein.

Wenn du aber willst, dass das Mädchen verunglückt, dann ist das unmenschlich, und rede dich jetzt nicht damit heraus, dass dies eine Prüfung für die Eltern oder dass dein Ratschluss für uns unergründlich sei."

„Worum geht es dir?", fragte Gott ungehalten. „Ist der Tod eines alten Mannes weniger schlimm? Wägst du den Wert von Leben ab? Und willst du mich durch ein logisches Konstrukt dazu zwingen einzuräumen, dass ich nicht allmächtig bin? Oder willst du, dass dem Mädchen nichts passiert?

Ob ich allmächtig bin oder nicht, ist ein Problem, das offenbar dich interessiert, also löse es auch selbst. Wenn du aber willst, dass dem Mädchen nichts passiert, dann streng dich in der Welt an, dass dies möglichst vermieden wird.

Überhaupt bin ich nicht dazu da, ohne dein Zutun deine Probleme zu lösen, so leicht mache ich es dir nicht."

Allwissenheit

„Warum hast du die Menschen mit einem freien Willen ausgestattet?", fragte ich Gott. „Das bringt doch nur Ärger. Ist es nicht genug, wenn du ihnen die Sicherheit gibst, dass du schon vorher weißt, was aus ihnen wird, sodass sie sich nur noch anzustrengen brauchen zu erfahren, was du in deiner Allwissenheit bereits beschlossen hast."

„Das ist richtig", sagte Gott. „Freier Wille bringt Ärger. Und wenn es für mich Ärger gibt, dann wirft das ja die Frage auf, warum ihr Menschen überhaupt da seid. Die Frage nach dem Sinn der Existenz der Menschen musste ich mir stellen, als ich euch schuf.

Ich habe nämlich ein Problem. Das Problem ist meine Allwissenheit. Wenn man alles weiß, geschieht nichts Unvorhergesehenes, dann wird alles langweilig. Wenn ich schon ein Wesen schaffe, dann muss es in dieser Hinsicht für mich eine Veränderung bewirken.

Welche Veränderung hätte sich ergeben, wenn ich auch bei der Erschaffung des Menschen schon alles über ihr zukünftiges Leben gewusst hätte! Mein Produkt wäre sinnlos gewesen, da das Eintreffen von Resultaten, die man vorher kennt, ungefähr so spannend ist wie der Wetterbericht von gestern.

Mein zu erschaffendes Wesen musste also die Allwissenheit infrage stellen und musste sich so verhalten können, dass ich seine Entscheidungen nicht voraussehen konnte und kann. Ich verlieh dem Menschen also den freien Willen. Der bringt Ärger, aber er macht den Sinn der Schöpfung aus. Meine Langeweile wird beendet, und wenn ich will, dass sich die Menschen richtig entscheiden, muss auch ich mich anstrengen, und zwar immer aufs Neue, weil ich ja nicht im Vorhinein wissen will, wie sie sich entscheiden. Ohne euch keinen Ärger, aber zu große Langeweile. Insofern ist die Prädestinationslehre eine Zumutung: Aus falsch verstandener Ehrfurcht vor mir wollen deren Anhänger meine Selbstbeschränkung nicht wahr haben und realisieren nicht, dass sie damit ihrer eigenen Überflüssigkeit das Wort reden. Die Unwägbarkeit, die durch den freien Willen entsteht, ist von mir gewollt.

In diesem Sinne kann man auch von Gotteskindern reden: Ohne Kinder gibt es weniger Ärger, aber viel Langeweile. Man strengt sich an, dass die Kinder die richtigen Entscheidungen treffen, aber sie haben ihren eigenen Kopf, und auch wenn sie vieles falsch machen, so bleiben es doch Kinder, deren Funktion es nicht ist, dem Vater in jeder Hinsicht zu gefallen. So macht der Verzicht auf Allwissenheit erst die Liebe möglich."

Ewigkeit und Endlichkeit

„Warum bist du gestorben?", fragte ich Gott. „Ich meine, dass es vielleicht andere Wege gegeben hätte, die Menschen zu retten. Warum hast du ausgerechnet den Tod als Mensch gewählt?"

„Trotz allen Schmerzes, der damit verbunden war und dessen Ausmaß ich schon vorher kannte, war ich in einer Hinsicht den Menschen unterlegen. Es ist dieser Punkt, den die Menschen hassen, angesichts dessen sie verzweifeln und mich verachten, der aber wie kein anderer das Menschsein ausmacht, und deswegen musste ich ihn erfahren: das Bewusstsein der eigenen Endlichkeit und das tatsächliche Eintreten dieser Endlichkeit mit dem Tod.

Überhaupt hat das Versprechen der Unendlichkeit nach dem Tod glücklicherweise keinen durchschlagenden Erfolg. Selbst ein Tiefgläubiger will den Zeitpunkt des Todes möglichst lange hinausschieben, und ich glaube, er würde vielleicht immer leben wollen, auch wenn ihm das Himmelreich nach dem Tod versprochen wird. Das heißt, dass die Menschen das diesseitige Leben trotz der Endlichkeit dem ewigen so lange vorziehen, wie es eben geht.

Jedenfalls hat die vermeintliche Gewissheit eines ewigen himmlischen Lebens, das wertvoller sein soll als das endliche irdische Leben, schon sehr häufig als Motivation von Taten gedient, von denen die vom ewigen Leben Überzeugten annahmen, dass sie mir gefallen, auch wenn die Gläubigen mich mit Verbrechen beleidigten.

Die Bevorzugung des irdischen Lebens durch die Menschen verlangt von den Menschen in der Welt einen sehr behutsamen Umgang mit dem Leben als kostbares Gut. Sogar die göttlichen Gebote versuchen es zu schützen.

Hast du dir schon mal überlegt, ob mein den Gläubigen gegebenes Versprechen eines ewigen Lebens nach dem Tode, also hinsichtlich des ewigen Lebens eine Wesensgleichheit mit mir zu erlangen, sich wie eine Blasphemie anhört? Vielleicht ist es auch nur ein von mir aus Mitleid gegebenes Versprechen, dessen Einhaltung ungewiss ist!

Vielleicht zweifelst du an meinen Versprechen. Aber auch darin steckt ein Sinn: Wenn du zweifelst, musst du dich mit mir auseinandersetzen. Dadurch wird dein Glaube gefestigter- oder er zerbricht. Jedenfalls wird Klarheit geschaffen."

Prinzipientreue

Neulich starb ein Lehrer, den ich gut gekannt hatte.

„Er wurde von allen hoch geachtet", erklärte ich Gott, „vor allem, weil er nie von seinen Prinzipien abwich. Ist das nicht bewundernswert?"

„In Maßen, ja", meinte Gott. „Aber Prinzipientreue kann auch ein Synonym für Unnachgiebigkeit und Härte sein. Darum sind Prinzipien dazu da, notfalls gebrochen zu werden, sonst wird aus der Prinzipientreue sehr schnell eine Prinzipienreue."

Und nachdenklich schloss er: „Wenn ich prinzipientreu wäre, wäre ich allein im Paradies."

Vergebung

„Wenn du vergibst", fragte ich Gott, „fällt dir das nicht manchmal schwer?"

„Die Frage ist falsch gestellt", meinte Gott. „Das Schwerfallen setzt eine Instanz voraus, vor der ich mich zumindest mental rechtfertigen müsste. Da diese Instanz aber logischerweise nur ich selber sein kann, kann mir nichts schwer fallen. Um zu erfahren, was es heißt, dass einem etwas schwerfällt, musste ich ein Mensch werden."

„Aber du verzeihst doch nicht jedem! Wozu gäbe es sonst die ewige Verdammnis, für den Fall, dass du nicht verziehen hast?"

„Das sind zwei verschiedene Probleme. Bleiben wir erst beim Problem des Vergebens. Dabei kommt es darauf an, dass der, der Vergebung erlangen soll, sie wünscht. Das kann aber nur erfolgen aus der Einsicht in eigenes falsches Handeln und aus dem Wunsch, es am liebsten ungeschehen machen zu wollen. Das nennt man Reue.

Die Schwierigkeit liegt also nicht bei mir.

Und nun zum Problem der ewigen Verdammnis",
fuhr er fort. „Die Angst vor der Hölle als Motiv für
Reue ist mir zu wenig. Von daher bräuchte es die
Hölle eigentlich nicht zu geben.

Eigentlich wird Reue durch Drohung sogar
verhindert oder erschwert. Von daher ist die
Hölle kontraproduktiv.

Bleibt die Frage nach ihrer Funktion als
Racheinstrument für mich.

Dabei stellt sich die Frage, ob es Fälle gibt, die
sich meiner Vergebung entziehen. Das nehmen
wir jetzt einmal an. Dann stellt sich die Frage, ob
ich in diesem Fall ein Racheinstrument, nämlich
den Teufel, benötige. Ich würde dem Teufel
dadurch eine Existenznotwendigkeit
bescheinigen, ich käme sozusagen nicht ohne ihn
aus. Das kann ich kaum wollen.

Das könnte mich zu der Überlegung führen",
sinnierte er, „dass ich die Hölle und den Teufel

und damit die Drohung mit der ewigen Verdammnis abschaffe."

Und zu mir gewandt: „Dumme Fragen führen manchmal zu erstaunlichen Ergebnissen."

Sichtweise

„Ich weiß schon, dass du wahrscheinlich Fundamentalisten ablehnst, wenn ich dabei an islamische Fundamentalisten denke, und zwar wegen ihrer Taten. Gilt deine Ablehnung auch für christliche Fundamentalisten, die ja in der Regel keine Verbrechen wegen ihrer Art des Glaubens verüben?", wollte ich von Gott wissen.

„Es gibt viele islamische Fundamentalisten, die keine Verbrechen begehen, und dass christliche Fundamentalisten deiner Meinung nach keine Verbrechen wegen ihres Fundamentalismus begehen, scheint mir eher an der Reduktion der Zeitspanne, die du im Kopf hast, zu liegen, und an deiner unreflektierten Verwendung des Begriffs Verbrechen. Damit schaffst du eine böse und eine gute Gruppe von Fundamentalisten, wobei du die gute Gruppe deinem Kulturraum zurechnest. Das riecht nach rassistischer Überheblichkeit."

„Ach Gott, man wird doch wohl noch sagen dürfen, dass die islamischen Fundamentalisten in weit höherem Maße schreckliche Verbrechen begehen als die christlichen?"

„Seit wann ist eine Kritik an deinen Äußerungen ein Beleg für eine von mir ausgeübte Zensur? Wenn du dich nicht mehr von mir kritisieren lassen willst, haben Gespräche keinen Sinn mehr. Dein Rückzug in einen rechthaberischen Schmollwinkel mit der Attitüde des Verfolgten und deine Selbsteinschätzung als Märtyrer des freien Wortes sind peinlich. Es fehlt jetzt nur noch, dass du dir selbst die Berechtigung erteilst, mit allen Mitteln diesen unhaltbaren Zustand zu beenden. Dann kannst du dich in das Heer der Fundamentalisten einreihen!"

„Findest du nicht, dass du etwas überziehst?" Die heftige Reaktion Gottes überraschte mich.

Gott sah mich an. Dann grinste er: „Nicht etwas, sondern eine Menge. Na ja, wenn ich dich kritisieren will, muss ich mir wenigstens auch deine Meinung anhören."

Fehlinterpretation

„Willst du von mir etwas über Fundamentalismus hören?", fragte mich Gott.

„Du fragst mich? Nun, eigentlich habe ich von den Fundamentalisten die Nase voll. Deren Taten disqualifizieren sie als ernst zu nehmende Gläubige, da sie ständig im Namen ihres Glaubens gegen fundamentale Prinzipien des Glaubens verstoßen. Dazu gibt es nicht viel mehr zu sagen!"

„Da bin ich im Wesentlichen deiner Meinung. Aber was meinst du? Sind es Verbrecher, die sich des Glaubens als Scheinbegründung bewusst bedienen oder sind es Gläubige, die aufgrund ihres Glaubens auch Verbrechen akzeptieren oder sogar begehen?"

„Das ist mir insofern egal, als das Ergebnis dasselbe ist, nämlich Menschenverachtung."

„Mir", sagte Gott, „kann das nicht egal sein. Wenn man den Glauben als bloßen Vorwand für Verbrechen nimmt, hat das mit dem Glauben wenig zu tun. Darüber muss man nicht weiter nachdenken.

Wenn aber Verbrechen aus dem Glauben resultieren, dann stimmt etwas mit dem Glauben nicht. Das gibt zum Nachdenken Anlass. Denn diese Verbrecher begründen ihre Taten mit dem Glauben an mich. Das kann ich nicht hinnehmen, dass aus Gottes Wort Gottes Mord wird."

Ich war verwundert. „Wie kannst du sagen, dass etwas mit dem Glauben nicht stimmt? Enthält der Glaube Fehler? Hast du dich geirrt?"

„Ich meinte damit, dass es problematisch ist, dass der Glaube Schlussfolgerungen zulässt, die zu Verbrechen führen", sagte Gott.

„Als Mensch weiß ich, dass man aus allem Schlussfolgerungen ziehen kann, die zu Verbrechen führen, seien es Eigentum, Sexualität, Liebe, Ruhm, Überzeugungen oder anderes. Warum soll der Glaube davon ausgenommen sein?"

„Weil ich eine wesentliche Aufgabe des Glaubens darin sehe, Verbrechen zu verhindern!", betonte Gott.

„Ich frage mich, ob der Glaube mehr Verbrechen verhindert oder verursacht hat", entgegnete ich. „Jedenfalls erfüllt der Glaube nicht deinen Anspruch, dass er Verbrechen verhindern soll."

Gott sinnierte: „Wahrscheinlich ist das auch nicht möglich. Der Glaube ist wohl auch nicht das Problem, sondern die daraus abgeleiteten Prinzipien und Handlungsanweisungen für ein gottgefälliges Leben. Wie alle Interpretationen können sie falsch sein.

Das kann dazu führen, dass selbst entsetzliche Verbrechen begangen werden, wenn Fanatiker aus der Absolutsetzung ihres Glaubens den Schluss ziehen, dass auch die schrankenlose Monstrosität ihrer Taten nicht nur gerechtfertigt, sondern sogar geboten sei.

Du hast schon Recht", schloss er. „Es gibt wohl keinen Glauben, der Fehlinterpretationen, die seiner Intention fundamental widersprechen, ausschließen kann."

Gottes Wort

„Ich weiß, dass religiös motivierte Verbrechen Verbrechen sind. Fundamentalisten begründen aber ihre Taten mit dem Wort Gottes. Und tatsächlich lassen sich aus der Bibel und dem Koran genügend Zitate finden, die Gewalt befürworten oder gar dazu auffordern. Wie kann denn dann die Befolgung von Gottes Wort verwerflich sein? Erklär mir das mal!", verlangte ich von Gott.

Gott lächelte schief. „Zunächst mal gibt es tatsächlich Irrtümer in der Bibel, z.B. dass der Hase ein Wiederkäuer sei (3. Mose 11,3-6) und die Fledermaus ein Vogel (3. Mose 11,13-18). Das sind Fehler, und es ist albern, sie mit Spitzfindigkeiten wegerklären zu wollen. Solch ein Versuch ist eher komisch als gefährlich. Zum Glück kommt hier kaum einer auf die Idee, dass jeder, der gläubig ist, diese Irrtümer nun auch vertreten müsse.

Wesentlich bedenklicher ist es allerdings, mit der Bibel die Schöpfung des Menschen durch Gott als einen einzigen, einmaligen Schöpfungsakt anzunehmen."

„Wie bei den amerikanischen Kreationisten!", warf ich ein. „Logischerweise sind sie daher Feinde der Evolutionstheorie!"

„Die natürlich richtig ist. Die Kreationisten lassen es aber nicht dabei bewenden, mit untauglichen Mitteln ihre Version - scheinbar - zu beweisen, um damit die Evolutionstheorie zu widerlegen. Sondern sie fordern - und das ist sozusagen die nächste Stufe der Eskalation -, dass diese falsche, wenngleich am Wort Gottes orientierte kreationistische Überzeugung im Sinne der Gleichberechtigung der Religion nun wenigstens neben der Evolutionstheorie an den öffentlichen Schulen gelehrt werden soll."

„Was spricht dagegen, wenn auch andere Meinungen an den Schulen zugelassen werden? Die Bibel würde wieder eine größere Beachtung finden im Chor der Meinungen! Das kann dir doch nur recht sein!"

Ich wollte Gott schon ein wenig ärgern.

„Ob etwas falsch oder richtig ist, ist keine Meinungs- oder Abstimmungsfrage. Eine Addition ist entweder falsch oder richtig, und auch wenn in der Bibel falsch addiert wird, wie es mehrfach der Fall ist, bleibt die Addition falsch. Die Bibel als Beweis für sachlich falsche Zusammenhänge heranzuziehen, bewirkt ihr gegenüber nicht Achtung, sondern Verachtung."

„Und die höchste Stufe der Eskalation besteht wahrscheinlich in Aufforderungen zur Gewalt, wie sie auch in der Bibel, z.B. gegen Frauen und Homosexuelle, vorkommen, also darin, die Bibel nicht nur als Legitimation für aggressive Akte heranzuziehen, sondern Aggressionen als Beweis für Gläubigkeit sogar zu fordern.

Das verstehe ich einigermaßen. Was ich nicht verstehe, ist, warum solche Fehler oder Aufrufe zur Gewalt in Gottes Wort enthalten sind!"

„Darauf gibt es nur zwei logische Antworten. Die erste lautet: Es handelt sich gar nicht um das

Wort Gottes, sondern die Heiligen Bücher sind freie Erfindungen begabter Schriftsteller. Atheisten vertreten diese Meinung und diese Meinung ist plausibel.

Es gibt eine weitere Antwort, die allerdings schwerer zu vermitteln ist."

„Mir fällt jetzt keine ein, muss ich gestehen. Hast du dich jetzt selbst abgeschafft?"

Gott überging die Frage.

„Die zweite Antwort ist: Das Wort Gottes wurde in eine bestimmte Zeit gesetzt. Die Irrtümer einer vorwissenschaftlichen Zeit, ihre atavistischen Vorstellungen, sind mit eingeflossen in die Schrift, die neben ihrem metaphysischen Charakter, der überzeitlich ist, auch zeitliche Kennzeichen aufweist. Ohne zeitliche Anbindung wäre das Überzeitliche nicht vermittelbar gewesen. Und über die Jahrtausende begreifen die Menschen durch ihre immer neue Auseinandersetzung mit der Schrift, wie sich immer mehr der überzeitliche Kern aus dem zeitlichen Kleid herausschält. Daher muss die Anwendung von Wissenschaft auf die Schrift begrüßt werden, da diese umso heller strahlt, je mehr sie irdischer Irrtümer entkleidet wird. Nur so kann sie in unseren Zeiten akzeptiert werden! Die Fundamentalisten beharren aber auf Elementen, deren zeitliche Bedingtheit schon längst offenbar ist."

Ich atmete durch: „Da bin ich mit dir einer Meinung: Fundamentalisten sind unerträgliche Reaktionäre!"

Göttliche und menschliche Gesetze

Ich hatte manchmal das Gefühl, dass Gott sich bei einigen Antworten auf meine Fragen herausredete. Darum überlegte ich mir eine neue Taktik.

„Bist du damit einverstanden, dass ich dich dieses Mal einem Kreuzverhör unterziehe, bei dem die Antworten nur aus Ja und Nein bestehen dürfen?", fragte ich ihn.

„Ich bin immer offen für Experimente. Mal sehen, wo uns das hinführt! Leg los!", forderte mich Gott auf.

„Gibt es göttliche Gesetze?"

„Ja!"

„Gibt es menschliche Gesetze?"

„Ja!"

„Widersprechen sich menschliche und göttliche Gesetze manchmal?"

„Ja!"

„Stehen göttliche Gesetze über den menschlichen?"

„Ja!"

„Ist es daher legitim, wenn man wegen der göttlichen Gesetze die menschlichen Gesetze bricht?"

„Nein!"

„Das ist unlogisch!"

„Ja!"

„Dann ist es falsch!"

„Nein!"

„Unlogisches ist deiner Meinung nach also richtig?"

„Nein!"

„Du widersprichst dir ja schon wieder!"

„Nein!"

„Ich geb´s auf. Mit deinen Antworten kann man ja nichts anfangen.“

„Ja!“

„Du gibst es auch noch zu!“

„Ja!“

„Dann antworte doch anders!“

„Nein!“

„Das hat keinen Sinn, wir hören auf!“

„Ja! Ich mache dir einen Vorschlag: Du stellst dieselben Fragen noch einmal, aber ich darf meine Antworten erklären.“

„Einverstanden. Gibt es göttliche Gesetze?“

„Ja, aber sie werden, je nach Religion, Zeitalter und Person, unterschiedlich wahrgenommen. So stellt für den Einen das Recht auf Leben ein absolutes, göttliches Recht dar, für den anderen gilt dieses Recht nicht für Glaubensfeinde, d.h. der Kampf gegen Ungläubige, also für den eigenen Glauben, hat höchste Priorität, also auch eine höhere Priorität als das Recht auf Leben, auch als das Recht auf das eigene Leben.“

„Gibt es menschliche Gesetze?“

„Alle Gesetze in Gesetzbüchern sind menschliche Gesetze.“

„Stehen göttliche Gesetze über den menschlichen?“

„Ja, denn kein menschliches Gesetz kann einem den Glauben an göttliche Gesetze verbieten. Glaubensinhalte können nicht verboten werden. Was für den Gläubigen wahr ist, ist nicht justiziabel.“

„Ist es daher legitim, wenn man wegen der göttlichen Gesetze die menschlichen Gesetze bricht?“

„Nein! Menschliche Gesetze stellen Taten oder Aufrufe zu Taten, nicht Glaubensinhalte unter Strafe. Gesetze stellen in Demokratien einen von den Staatsbürgern legitimierten Minimalkonsens für alle verschiedenen Religionen dar. Alle

Glaubensinhalte sind geschützt, aber ihre tatsächlichen Konsequenzen finden ihre Schranken in allgemeinen Gesetzen. Wenn also ein Gläubiger einen anderen wegen seines anderen Glaubens tötet, ist er trotz seiner Annahme, er handle im Sinne Gottes, ein Verbrecher. Da er die gesetzlich garantierte Plattform des allgemeinen Zusammenlebens verlassen hat, hat er sich schuldig gemacht. Würde sein Handeln legitimiert, könnte jeder, also auch er, mit dem Anspruch auf Legitimität von einem anderen getötet werden. Aufrufe zur Befolgung mancher göttlichen Gesetze – oder was man dafür hält – sind trotz ihres religiösen Kontextes Aufrufe zu Verbrechen und damit selbst Verbrechen.

Wenn andererseits menschliche Gesetze in Staaten eine Staatsreligion festlegen und andere Religionsausübungen verbieten, überschreiten sie ihre Befugnis, weil sie sich nun selbst den Nimbus eines Werkzeuges Gottes geben, also quasi-göttlichen Anspruch erheben. Religiös ist das eine unerhörte Hybris, politisch eine

Aufforderung zum Bürgerkrieg, rechtlich die Offenbarung eines Unrechtsstaates, dem man zumindest in dieser Hinsicht nicht zur Gesetzestreue verpflichtet ist.

Kein heiliges Buch steht über der demokratisch legitimierten Verfassung, weil die Verfassung die Gläubigen in ihrem eigenen Glaubensbereich schützt und ihre Autonomie akzeptiert. Keine Verfassung, die demokratisch legitimiert ist, kann es hinnehmen, dass ihre Gesetze, durch welche göttlichen Gesetze auch immer, gebrochen werden."

„Wie kommt es, dass du dich so viel vehementer für die Befolgung der menschlichen Gesetze einsetzt als für die Befolgung der göttlichen?"

„Ich befürchte, dass es ohne die Befolgung der menschlichen Gesetze bald keinen mehr gibt, der mir noch Fragen stellen könnte."

Gewissen

„Gibt es das, dass man aus logischen Gründen einem Recht geben muss, dabei jedoch spürt, dass es falsch ist, aber nicht weiß, warum?", fragte ich Gott bei einem Spaziergang.

„Wenn es das nicht gäbe, hättest du es kaum formuliert. Man kann es vielleicht so beantworten: Entweder ist die Logik falsch oder das Gefühl! Hast du Lust, mir das Problem darzustellen, denn sicher geht es um etwas Konkretes."

„In einem Punkt muss ich den Fundamentalisten zumindest von der Logik her recht geben, obwohl es mir, wie gesagt, doch irgendwie nicht gefällt. Ich weiß aber nicht, was der Grund für meine Ablehnung ist.

Sie verlangen, dass Gott die alleinige Rechtsquelle ist. Gott äußert sich in den heiligen Büchern. Die Heilige Schrift, mithin Gott, soll die alleinige Rechtsquelle sein, z.B. für Moslems der Koran, für die Christen die Bibel. Damit wäre einfür allemal klar, was göttliches Recht ist, an das man sich unbedingt halten muss. Jedenfalls sind die Fundamentalisten konsequent. Das Einzige, was sich nicht mehr ändern kann, ist das göttliche Recht, das in den heiligen Büchern steht. Es ist zudem klar erkennbar und nicht durch Menschenwerk vernebelt."

„Und was stört dich gefühlsmäßig, obwohl du der Argumentation logisch zustimmst?"

„Ich denke an die unmenschlichen Strafen, wie z.B. Steinigen. Auch wenn die Argumentation schlüssig ist und die Strafe tatsächlich in einer Heiligen Schrift so niedergeschrieben ist, komme ich damit nicht zurecht."

„Womit genau nicht?"

„Dass die göttliche Strafe unmenschlich ist."

„Was ist wichtiger: Dass eine Strafe göttlich ist oder dass sie nicht unmenschlich ist?"

„Sag du es mir!"

„Erst musst du entscheiden, dann sage ich etwas dazu!"

„Wie kann Gottesrecht unmenschliche Strafen nach sich ziehen? Das akzeptiere ich nicht!"

„Womit du Recht hast! Es gibt kein heiliges Buch, das dir das Gewissen ersetzen kann. Wer das verlangt, hat den Sinn der heiligen Bücher nicht verstanden! Sie wollen dein Gewissen schulen, nicht versklaven oder töten!"

Werkzeug Gottes

„Ich höre öfters, dass sich Menschen als „Werkzeug Gottes" bezeichnen: Gott bediene sich ihrer, um den anderen Menschen zu zeigen, wie ein gottgefälliges Leben geführt werden könne.

Auch terroristische Fundamentalisten behaupten oft, ein Werkzeug Gottes zu sein: Gott bediene sich ihrer, um seinen Willen durchzusetzen in einer weitgehend gottlosen Welt. Wenn es anders nicht gehe, sei auch der Weg der Gewalt zur Durchsetzung göttlicher Prinzipien legitim. Sie seien bereit, diesen Weg zu gehen, selbst wenn es ihr Leben koste.

Ich habe ein großes Problem: Kannst du mir einen Tipp geben, woran ich erkennen kann, wer tatsächlich dein Werkzeug ist und wer nur vorgibt es zu sein?"

„Das kann und will ich nicht!"

Ich war eher erstaunt als wütend.

„Warum nicht? Kommt jetzt wieder einer deiner nervenden pädagogischen Appelle, es doch selbst herauszufinden? Und seit wann kannst du etwas nicht?"

Gott schnaufte. „Wenn es keine Lösung für die Frage gibt, kann ich dir keinen Hinweis geben!"

„Es gibt immer eine Lösung! Wie oft habe ich das von dir gehört!"

„Es gibt keine! Der Grund ist, dass es das Problem zu erkennen, wer ein Werkzeug Gottes ist, nicht gibt!"

„Aber ich habe doch das Problem!"

„Das bedeutet noch nicht, dass es das Problem gibt!", insistierte Gott. „Du willst nämlich ein Problem lösen, das sich gar nicht stellt. Du brauchst die Antwort nicht zu suchen, da sie offenbar ist!"

„Verrat sie mir, ich kenne sie nicht!"

„Es gibt dieses Problem nicht, weil ich niemals einen Menschen als mein Werkzeug benutze.

Sollte ich als Gott wirklich auf die Taten eines Menschen vertrauen, um das durchzusetzen, was ich möchte? Was könnten diese Menschen besser als ich?

Aber was noch viel wichtiger ist: Ein Werkzeug ist ein willenloses Objekt in der Hand dessen, der es benutzt. Ich dagegen habe dem Menschen einen freien Willen gegeben, was gerade konstitutiv für das Verhältnis zwischen mir und den Menschen ist. Wie käme ich dazu, gegen meinen eigenen Entschluss zu handeln? Ohne es zu wollen, katapultieren sich die angeblichen Werkzeuge Gottes außerhalb der Gemeinschaft der Gläubigen, weil sie die entscheidende Säule ihrer Autonomie selbst einreißen."

„Warum tun sie das?"

„Sie leiden unter Autosuggestion. Terroristische Fundamentalisten erhalten so vor ihrem eigenen Gewissen eine Generalabsolution für ihre Taten. Diese Taten sind Ausdruck eines missionarischen Eifers, der alle diese Taten zu rechtfertigen scheint, die aufgrund des angeblich mittelbaren

Eingreifens Gottes nicht nur prinzipiell aller Kritik enthoben sind, sondern deren Kritik als Gotteslästerung gebrandmarkt wird. Das sind Fanatiker, die ich mich scheue religiös zu nennen, da sie die Religion funktionalisieren, manche sogar bewusst. Ihr Ziel ist es, Mitmenschen zu ihren Werkzeugen zu machen, um Macht zu erlangen.

Diese Menschen sind nur scheinbar religiös, äußern gegenüber ihren Mitmenschen einen arroganten Anspruch und können gesellschaftlich sehr gefährlich sein."

Das erschien mir plausibel, aber ich wollte sichergehen:

„Was würdest du zu folgendem Satz sagen: Ob Heiliger oder Schurke - wer von sich behauptet, ein Werkzeug Gottes zu sein, bildet sich das nur ein!"

Gott nickte.

„Der Satz stimmt, aber du solltest ergänzen: ...oder lügt bewusst."

Göttliche Legitimation des Rechts

„Ich komme noch nicht damit klar, dass Fundamentalisten logisch nicht anzugreifen sind, wenn sie als Basis für die göttliche Legitimation des Rechts die heiligen Bücher nennen.

Wie kann man denn in anderer Weise feststellen, dass Gott die menschlichen Gesetze legitimiert? Denn dass du die universale Rechtsquelle bist, davon sind nicht nur die Fundamentalisten überzeugt, und ich denke, dass das auch von dir gewollt ist, dass du nichts dagegen hast."

„Dazu gibt es nur eine Antwort: Mich als universale Rechtsquelle und damit als Legitimationsbasis aller menschlichen Gesetze zu bestimmen, wäre eine Katastrophe mit fatalen Konsequenzen!

Es müsste eine Homogenität der Bürger zumindest innerhalb eines Staates hinsichtlich der Religion herrschen, wahrscheinlich sogar der Konfession, damit alle dieselbe Legitimationsbasis anerkennen könnten. Es kann ja nicht sein, dass Gesetze sich widersprechen, weil ein Staatsbürger aufgrund seiner Legitimationsbasis eine Tat nicht als Vergehen ansieht, die ein anderer mit einer anderen religiösen Legitimationsbasis als schwere Verfehlung brandmarkt. Natürlich ist es ausgeschlossen, dass in einem Staat aufgrund der verschiedenen Religionen dieselbe Tat einmal Straftat darstellt, zum anderen Mal keine ist, je nachdem, auf welche Heilige Schrift man sich beruft."

„Ich glaube auch, dass das Problem nur durch eine einheitliche Richtung oder Konfession innerhalb eines Staates gelöst werden könnte.. Sehe ich das richtig, dass die Fundamentalisten dieses Problem erkannt und es in diesem Sinne lösen wollen?"

„Du solltest deutlicher werden: Diese Einheit ist nur durch einen grausamen Bürgerkrieg mit ethnischen oder religiösen Säuberungen zu erreichen, also durch Massenmord, Vertreibungen und Zwangskonvertierungen. Es kommt nicht von Ungefähr, dass die islamischen terroristischen Fundamentalisten am grausamsten mit ihren Glaubensbrüdern umgehen. Vor allem Sunniten und Schiiten sind ja verfeindet, weil beide die Glaubensinhalte der anderen teilweise nicht anerkennen, beide aber auf einer göttlichen Legitimation des Rechts, so wie sie es verstehen, beharren. Auch die Religionskriege in Europa nährten sich aus dieser Annahme.

Christen behaupten oft, dass die Moslems nicht ins christliche Abendland passen, weil sie nicht die christlichen Werte anerkennen würden. Auch hier schwingt die Grundüberzeugung mit, dass die eigenen Werte durch Gott legitimiert sind. Übrigens eine alte Tradition: Die christlichen Kreuzritter eroberten in blutigen Kreuzzügen den Orient mit den Worten „Deus vult!" („Gott will es!") auf den Lippen."

„Aber die Annahme, dass dann eine Eindeutigkeit des göttlichen Rechts gegeben wäre, ist ja wohl richtig!"

„Die Annahme, dass das göttliche Recht aufgrund der Heiligen Bücher eindeutig sei, ist ebenso falsch. Die moralischen Grundlagen und Forderungen widersprechen sich schon innerhalb eines heiligen Buches. Das heilige Buch kann auch nicht alle denkbaren und faktischen Konflikte in einer Gesellschaft lösen.

Deswegen benötigt man nun doch Menschen, um das Gottesgesetz auf einen konkreten Fall anwenden zu können. Natürlich widersprechen sich die Ergebnisse der menschlichen Interpretation, und schon gibt es verschiedene Religionsgelehrte mit verschiedenen Auslegungen des göttlichen Rechts. Sie scharen Schüler um sich und oft entbrennt ein Kampf zwischen den Schulen, teilweise mit Gewalt. Denn es handelt sich ja in ihren Augen bei der Interpretation ihrer Gegnern nicht um legitime Abweichungen von Andersdenkenden, sondern um das Wort Gottes, das verfälscht wiedergegeben wird – also um ein religiöses Verbrechen.

Wenn man sich auf göttliches Recht beruft, dürfte logischerweise kein Gesetz innerhalb eines Staates je revidiert, abgeschafft oder auch nur geringfügig verändert werden. Denn ich kann meine Meinung nicht revidieren, da ich immer der Gleiche, der Allwissende bin.

Damit ergibt sich, dass die Logik der Fundamentalisten ebenfalls falsch ist, da keine Einheitlichkeit des Rechts zu erreichen ist.

Die Bereitschaft zur grenzenlosen Gewalt wird geradezu gefördert durch die Vorstellung einer göttlichen Legitimation des Rechts. Damit führt gerade meine Einvernahme, mit der Absicht Recht zu legitimieren, zur Missachtung fundamentaler Rechte."

Gottesstaat

„Ist die Anstrengung nicht lobenswert, dass sich Staaten bemühen, in ihrem Bereich einen Gottesstaat zu errichten, selbst wenn ihnen das oft nicht gut gelingt?"

„Je schlechter es ihnen gelingt, umso besser!"

„Ist das dein Ernst? Bist du bescheiden oder zynisch?"

„Nichts Dergleichen! Etwas Unmögliches vollbringen zu wollen, lässt jede Anstrengung in diese Richtung als verdächtig erscheinen."

Viele Staaten sind nämlich vor allem daran interessiert, das menschliche Regelwerk ihrer Gesetzgebung mit dem Nimbus göttlicher Legitimation zu schmücken, weil das dieses Regelwerk selbst in den Status der Unangreifbarkeit erhebt. Wie könnte man etwas gegen Gesetze einwenden, die göttlichen Ursprungs wären?

Der Wille, den Gesetzen eine transzendentale Quelle zu verschaffen, gebiert die Versuchung, mich durch andere, quasi-transzendentale Heilsbringer zu ersetzen oder die, die sich als meine treuesten Gläubigen ausgeben, als meine Stellvertreter einzusetzen. Dadurch wird eine übergesetzliche Rechtfertigungsinstanz für alle diejenigen geschaffen, die letztlich nur das sehr weltliche Ziel haben, Macht durch Gesetze nicht einzuschränken zu lassen und ihre Verbrechen mit einem vermeintlich übergesetzlich höheren Ziel zu legitimieren."

„Das würde die Zustimmung für autoritäre Führungspersonen in Staaten erklären, die vorgeben, Politik im Sinne ihrer Religion zu verwirklichen."

„Von da an ist der Weg nicht mehr weit, Autoritäten mit einem quasireligiösen Nimbus zu versehen. Da Religion keine Abstimmungsfrage sein kann, gibt es Wächter, die über die richtige Religion und in der Folge über die richtige

Lebensführung befinden, also selbstlegitimierte Herrscher."

„Und das glaubt ihnen das Volk?"

„Sie müssen den Anschein erwecken, dass sie tatsächlich etwas für den Glauben und für die Armen tun, sonst werden sie schnell selbst zur Zielscheibe von Terroranschlägen extremer Fundamentalisten oder Aufständen der Bevölkerung, wie der arabische Frühling zeigt. Denn viele fühlen sich verraten und abgestoßen von den Autoritäten, die sich hervortun durch die oft sehr weltlichen Luxuslebensweisen, die ein Schlag ins Gesicht der verarmten oder arbeitslosen Massen sind.

Um ihren religiösen Eifer zu zeigen mischen sich autoritäre Staaten in die Innenpolitik anderer Staaten ein, wenn dort ihrer eigenen Religionsgruppe das Schicksal erfährt, das sie in ihrem eigenen Staat andere Religionsgruppen erleiden lassen. Das schürt gefährliche internationale Konflikte.

Ich wundere mich immer wieder, wie man auf die Idee kommen kann, dass machtgierige, bedenkenlose Regimes unter meiner besonderen Gnade stünden. Diese Behauptung kann an sich nur die Funktion haben, die Macht nicht legitimierter Autoritäten zu sichern. Denn würden sie behaupten, wegen ihrer Fähigkeiten und der Zustimmung der Bevölkerung an der Macht zu sein, würden sie hinweggefegt."

Gehorsamkeit gegenüber den Gesetzen

„Wenn du nicht die Legitimationsinstanz für das Recht sein willst, wer soll es dann sein? Wer immer es auch sein mag, wieso sollte ich einem von irgendwem erlassenen Gesetz Gehorsam schuldig sein? Wer hat die Arroganz, von mir Gehorsam zu verlangen, wenn du es noch nicht einmal tust? Wenn du nicht die Rechtsquelle bist, wie kann ich da zwischen göttlichem und menschlichem Recht unterscheiden? Laufe ich nicht Gefahr, dein Recht zu missachten, weil ich ein menschliches Gesetz nicht akzeptiere und nicht erkenne, dass es ein göttliches ist? Oder ist es sogar so, dass du die Nichtbefolgung menschlicher Gesetze sanktionierst?

Dann wärst du ja der Erfüllungsgehilfe der weltlichen Machthaber, was wohl indiskutabel ist. Oder siehst du das anders?"

„Was für eine Fragenkanonade! Fangen wir damit an, ob ich die Nichtbefolgung menschlicher Gesetze sanktioniere. Ob ich überhaupt bestrafe oder nicht, ist eine Frage, die hier nicht erörtert wird. Für eine eventuelle Strafe durch mich müsste aber, da gebe ich dir recht, das Brechen göttlicher Gesetze vorliegen! Und die sind nicht kongruent mit den menschlichen!"

„Wie soll ich sie als göttliche denn erkennen?"

„Göttliche Gesetze sind Grundgesetze des Lebens, der körperlichen, seelischen und geistigen Unversehrtheit, der Freiheit, der Würde des Menschen. Sie sind im Gewissen verankert und entsprechen im Wesentlichen den Grund- und Menschenrechten. Sie sind die Basis der menschlichen Kultur."

„Bist du denn wenigstens für diese die Legitimationsbasis?"

„Würde ich das bejahen, dann schlösse ich alle Atheisten von der Notwendigkeit aus, sich an diese Gesetze zu halten. Es ist daher eine Legitimationsbasis notwendig, die meiner nicht bedarf, egal, welchen Glaubens man ist. Logischerweise kann die Legitimationsbasis dann nicht transzendental sein. Damit ist klar: Das gesamte Recht bedarf einer innerweltlichen Legitimationsbasis."

„Und das wäre?"

„Du selbst! Und alle deine Mitbürger! Demokratien verleihen den Gesetzen eine eigene Legitimation. Sie wird durch Wahlen, Abstimmungen, Mehrheiten verliehen. Unterliegt man im demokratischen Prozess, verlangen die Spielregeln, dass man sich freiwillig den Gesetzen unterwirft. Die Zustimmung der Mehrheit ist also eine innerweltliche abschließende Legitimation, die keine andere Legitimation benötigt und die auch keiner anderen Legitimation unterworfen ist, außer in Ausnahmen."

„Und was ist mit Staaten, die keine Demokratie als System haben? Und was sollen diese Ausnahmen sein?"

„In autoritären Staaten, gerade in denen, die die Legitimation durch die Religion erlangen wollen, usurpieren Machthaber das Recht des Volkes, die

Legitimität für die eigenen Gesetze selbst herzustellen. Das führt aber dazu, dass das Volk diese Gesetze nicht als seine begreift. Das unterhöhlt die nach außen so stabil erscheinenden autoritären Regimes, die immer Angst davor haben, dass der Volkswille sich eruptiv in Rebellion oder Revolution äußert. Dem Recht fehlt die notwendige innerweltliche Legitimität."

„Und worin bestehen die Ausnahmen?"

„Wenn fundamentale Rechte gebrochen werden, kann das auch eine noch so große Mehrheit nicht legitimieren. Diese Rechte, die Atheisten durch die Natur als gegeben und als nicht aufhebbar, also innerweltlich als ewig betrachten, können von anderen auch als göttlich bezeichnet, also als transzendent verankert angesehen werden. Das ist in dem Fall, dass sich ein Staat nicht an die Grundrechte hält, zweitrangig. Entscheidend ist, dass den Grundrechten widersprechende Gesetze trotz einer möglichen Mehrheit bei einer Abstimmung keine Legitimität besitzen."

Ermahnung

„Gott, jetzt brummt mir der Kopf, vor allem weil mir scheint, dass Atheisten und Ungläubige bei dir besser wegkommen als diejenigen, die in deinem Namen ihr Leben riskieren oder verlieren."

Gott sah mich stirnrunzelnd an.

„Welch eigenartige Faszination übt der Tod auf dich aus!

Bei der Abwägung zwischen der Liebe zu den Menschen trotz ihrer Fehler und der Opferung von Menschen aufgrund einer subjektiven, also willkürlichen Vorstellung von meinen Wünschen entscheiden sich die terroristischen Fundamentalisten für das Blutvergießen. Damit stellen sie sich außerhalb jeder Religion.

Ich habe euch nicht dafür geschaffen, dass ihr über Leben und Tod entscheidet: Das steht nur mir zu.

Ihr sollt nicht für mich sterben, sondern miteinander für mich leben: Das ist viel schwieriger!

Miteinander könnt ihr aber nur leben, wenn ihr gewaltfrei streitet und jeder die Würde des Anderen achtet!"